Heidemarie Dammenhayn • Hartmut Wedekind

Öffnung des Unterrichts in der Grundschule

Ja - aber wie?

Heft 1

Angebote, Hinweise und methodische Empfehlungen
zur Gestaltung des Anfangsunterrichts

Mit Kopiervorlagen

V
W
V
Volk und Wissen Verlag GmbH
Berlin 1990

Die methodischen Ausführungen wurden erarbeitet
von Heidemarie Dammenhayn und Hartmut Wedekind.

Die Kopiervorlagen erarbeitete Heidemarie Dammenhayn.

Redaktion: Erika Richter

Dammenhayn, Heidemarie:
Öffnung des Unterrichts in der Grundschule : Ja -
aber wie? / Heidemarie Dammenhayn, Hartmut Wedekind. - Berlin : Volk u. Wissen
H. 1. Angebote, Hinweise und methodische Empfehlun-
      gen zur Gestaltung des Anfangsunterrichts :
      mit Kopiervorlagen. - 1. Aufl. - 1990. -
      48 S.

ISBN 3-06-09 20 79-6
1. Auflage
© Volk und Wissen Verlag GmbH, Berlin 1990
Printed in the German Democratic Republic
Gesamtherstellung: Nationales Druckhaus, Berlin
Illustrationen: Britta Matthies
Einband und typographische Gestaltung: Konrad Golz, Dagny Scheidt
LSV 0645
Bestell-Nr. 709 827 7

Inhalt

1. Ein neuer Ansatz ist gefragt

Ich rate,
lieber mehr zu können,
als man macht,
als mehr zu machen,
als man kann,
bis man soviel macht,
wie man kann.

Bertolt Brecht

Die gesellschaftlichen Veränderungen eröffnen vielen LehrerInnen, ErzieherInnen, Eltern und WissenschaftlerInnen Freiräume für individuelle Entfaltung und schöpferisches Suchen ohne Reglementierung und vereinheitlichende Zwänge in Methode, Organisation und z. T. auch im Inhalt pädagogischer Arbeit. Es ist eine große Herausforderung, die entstandenen neuen Möglichkeiten für die Realisierung eigener Wünsche und Vorstellungen von pädagogischer Arbeit zu nutzen, sich bisher unbekannte pädagogische Konzepte zu erschließen und zu versuchen, sie auf die eigene Arbeit zu beziehen.

18 LehrerInnen und ErzieherInnen aus drei Berliner Schulen sowie drei Fachschullehrer des Instituts für Lehrerbildung "Clara Zetkin" Berlin haben sich in einer Projektgruppe zusammengefunden und wollen diesen ungemein reizvollen und spannenden Prozeß der Neubestimmung des eigenen pädagogischen Anspruchs der LehrerInnen - einer neuen Art der Selbstverwirklichung, die verbunden ist mit der Überwindung vieler Denk- und Verhaltensmuster, mit Ängsten, Zweifeln aber auch Hoffnung - mit einer Broschürenreihe begleiten und unterstützen, die mit dem vorliegenden Heft beginnt.

Wir möchten Mut machen, Anregungen vermitteln und Angebote für erste mögliche Schritte auf dem Weg der Neubestimmung unterbreiten.

Wir wollen Überlegungen und Vorschläge für neue Formen pädagogischer Arbeit, zum Beispiel offene Lernformen, unterbreiten und dabei gesammelte Erfahrungen und Ideen vieler LehrerInnen einbeziehen. Besondere Aufmerksamkeit widmen wir dabei solchen Formen der Unterrichtsgestaltung, die es den Kindern ermöglicht, "spielend" und selbstbestimmt zu lernen.

In den ersten drei Heften bieten wir Materialien zum <u>Lesenlernen</u>
an, die

- die individuell unterschiedlichen Voraussetzungen der Schulanfänger berücksichtigen,
- dadurch ein differenziertes Arbeiten einzelner Schüler, das
Arbeiten mit einem Lernpartner oder in Lerngruppen, je nach den
individuellen Voraussetzungen und Neigungen der Kinder, ermöglichen,
- innerhalb des Fibellehrgangs sowohl für frontale als auch für
offene Lernformen eingesetzt werden können,
- aber auch für Nachmittagsbeschäftigungen im Hort geeignet sind.

Im <u>Heft 1</u> sind Übungen für das Partnerlernen als "Du-und-ich-Auf-
gaben" zusammengestellt, die den Fibellehrgang begleiten. Diese
können den Kindern zusammen mit den Lernaufgaben der Hefte 2 und 3
zur Auswahl angeboten werden.
Das <u>Heft 2</u> bietet Lernaufgaben für individuelle Übungen, die auf
den Fibellehrgang abgestimmt sind. Auch diese Aufgaben sind für
offene Lernformen geeignet und so gestaltet, daß das Kind selbst
entscheiden kann, welche Aufgabe es wählt, eine leichtere oder
eine schwerere.
Im <u>Heft 3</u> werden didaktische Arbeitsmittel vorgestellt, die dem
Lernen einen spielerischen Rahmen geben. Diese Materialien sind
besonders für den frontalen Einsatz geeignet, können aber auch
als Übungsangebot für offene Lernformen den Kindern an der Haft-
tafel zur individuellen selbständigen Beschäftigung angeboten
werden.
Dieses Material ist auch unabhängig vom Fibellehrgang nutzbar und
enthält vielfältige didaktische Spiele zum Lesenlernen.
Einige der im Heft 3 dargestellten Arbeitsmittel können mit anderen Zusatzmaterialien auch im Mathematikunterricht eingesetzt
werden.
Das gesamte Material ist ein Angebot, aus dem der Pädagoge seinen
Bedingungen entsprechend auswählen, das er verändern und weiter-
entwickeln kann.
In weiteren Heften werden dann Angebote zum Rechnenlernen folgen.
Im vorliegenden Heft geben wir eine erste Positionsbestimmung zu
Fragen der Öffnung der Grundschule aus der Sicht der Projekt-

gruppe. Im Verlauf der schrittweisen Veränderung der Arbeit werden wir diese präzisieren und mit empirisch gewonnenen Ergebnissen untersetzen. Dabei wollen wir auch Ihre Erfahrungen, Hinweise und Vorschläge zur Öffnung des Unterrichts aufgreifen.

Wir wünschen Ihnen und vor allem den Kindern bei der Nutzung der angebotenen Materialien Erfolg und Freude und wären für eine Diskussion sowie über Hinweise und weitere Vorschläge zum Thema "Öffnung des Unterrichts in der Grundschule" dankbar.

Projektgruppe "Selbstbestimmtes Lernen durch Öffnung in der Grundschule"

7

2. Zum Anliegen des Projekts "Selbstbestimmtes Lernen durch Öffnung des Unterrichts in der Anfangsstufe"

Ist es nicht für jede(n) LehrerIn, ErzieherIn und Wissenschaft-
lerIn eine faszinierende Tatsache - bei allen dabei auftretenden
Problemen - frei entscheiden zu können, welchen Sinn man seiner
pädagogischen Arbeit geben kann, welchem pädagogischen Konzept
man sich öffnet, wie man seine Stellung als Individuum in der
pädagogischen Arbeit selbst bestimmt und seine Vorstellung von
Würde, Souveränität, Selbstbestimmung, Mündigkeit und Freiheit
mit seinen Schülern für sie und sich selbst verwirklichen kann?
Eine Ausgangsposition für Innovation und Reformierung der Schule,
wie sie nie in den letzten 40 Jahren in diesem Land bestanden
hat. Viele haben die Besonderheit - vielleicht Einmaligkeit -
dieser Situation erkannt und sind bemüht, die in der Vergangen-
heit auferlegten Grenzen und Barrieren zu überwinden.
Die Suche nach Neuem ist groß. Wen wundert es, wenn gerade da
nach Antworten gesucht wird, wo es früher verboten war? Wen ver-
wundert es, daß dabei die Bereitschaft zur kritiklosen Übernahme
ohne ausreichende tiefgründige Erschließung der theoretischen
Ansätze einzelner Erziehungskonzeptionen und ohne Berücksichtigung
der Unterschiede in den Bedingungen der pädagogischen Arbeit groß
ist?
Ohne Berücksichtigung der Unterschiede und ohne ausreichende Erschließung der theoretischen Ansätze besteht jedoch die Gefahr,
daß die als Erneuerung unserer Schule gedachten und möglichen
neuen Formen pädagogischer Arbeit, bevor sie in der Praxis reifen
konnten, aus Unbedachtsamkeit und Überhast zur Unzufriedenheit
der LehrerInnen führen und eine breite Ablehnung erfahren. Mögliche Innovationsansätze wären leichtfertig verspielt.
Dieser Gefahr entgegenzuwirken und einen Beitrag zur Reformierung
der Grundschule ausgehend von den Bedingungen des Unterrichtes in
der Unterstufe der DDR-Schulen zu leisten, stellt ein Anliegen
unseres Projektes dar.
Der uns von den Eltern übertragenen Verantwortung bewußt, für
eine erfolgreiche, den individuellen Voraussetzungen der Kinder
entsprechende Entwicklung Sorge zu tragen, beabsichtigen wir,
bestehende, uns bisher unbekannte Erziehungsauffassungen zu
erschließen und unter Berücksichtigung der konkreten Bedingungen

an unseren Schulen für die Veränderung der pädagogischen Arbeit
wirksam zu machen.
Wir haben uns dabei die Aufgaben gestellt,
- im Prozeß der Realisierung unseres Vorhabens - als Bedingung
  und Resultat zugleich - ein neues Verständnis von der Subjekt-
  position des Kindes im Unterricht zu erarbeiten und zu erleben,
  welche Folgen dies für das pädagogische Klima in den Klassen
  hat;
- ein sich aus der veränderten Sicht auf das Kind ergebendes
  neues Verständnis des Lehrers von seiner Arbeit im Unterricht
  zu entwickeln, zu erleben und zu erfahren, wie sich dieses
  Verständnis auf die Stellung des Lehrers in der Klasse aus-
  wirkt;
- die zur Erfüllung der oben genannten Aufgaben notwendigen und
  möglichen räumlichen, zeitlichen und didaktisch-methodischen
  Bedingungen der Erziehungsarbeit zu entwickeln; zu sichern, zu
  erleben, zu erfahren und auszuwerten, wie diese die pädagogische Arbeit unterstützen und befördern können;
- im Rahmen der gültigen Richtlinien und Lehrpläne auf der Grund-
  lage der oben dargestellten Veränderungen unserer Schule ein
  eigenes pädagogisches Profil zu geben und damit einen Beitrag
  zu leisten für mögliche, die Bildungs- und Erziehungsarbeit
  insgesamt verbessernde Veränderungen im Unterricht der Anfangs-
  stufe.

Wir beabsichtigen, eine Unterrichtsorganisation und -gestaltung
zu entwickeln, die differenzierende und individualisierende Maß-
nahmen für alle Kinder ermöglichen und die Lernfreude erhöhen.
Dem Einsatz vielfältiger didaktischer Spiele und spielerischer
Elemente sowohl in geschlossenen als auch offenen Lernformen wird
dabei eine besondere Bedeutung zukommen.
Ausgehend von den grundlegenden Zielen einer humanistischen Erziehung, die in Würde, Souveränität, Freiheit, Selbstbestimmungs-
fähigkeit und dem Selbstbestimmungsrecht des Menschen zu fassen
sind, hat Erziehung in unserem Verständnis die Aufgabe, die freie
humanistische Entwicklung der Individualität jedes Menschen zu
sichern. Die Einmaligkeit des Kindes stellt für uns sowohl Ziel-
größe als auch die wichtigste Determinante der Erziehung dar.
Erziehung bedeutet für uns Hilfe zur Selbsterziehung, - Erziehung
also als gestalteter Prozeß der Befähigung zur Entfaltung der Per-

Persönlichkeit sowie die Entfaltung selbst aus eigenem Antrieb und eigenen Möglichkeiten.

Ein solch hier nur kurz dargestelltes Verständnis von Erziehung bedeutet für uns nicht, die Führungsrolle des Lehrers im Unterricht aufzuheben, im Gegenteil, sie erhält in der Weise eine Aufwertung, daß sie gerade im Anfangsunterricht darauf gerichtet sein muß, die Aneignung der Kulturtechniken im Lesen, Rechnen und Schreiben zu sichern und gleichzeitig die Handlungskompetenz der Kinder sowie ihre Verantwortung für ihr eigenes Lernen schrittweise auszubilden. Eine entscheidende Bedingung stellt dabei die hohe Achtung des Lehrers vor seinen Kindern dar. Das schließt die Notwendigkeit ein, daß er sie als selbständig denkende und handelnde Individuen akzeptiert. Deshalb muß unserer Meinung nach pädagogische Führung im Unterricht u. a. so angelegt sein, daß

- das Kind Raum und Zeit erhält, um aktiv zu werden und Eigenes einzubringen,
- dem Kind Gelegenheit gegeben wird, in seinem Lebens- und Verantwortungsbereich eigene Entscheidungen zu treffen mit dem Ziel, entsprechende Sach- und Entscheidungskompetenz zu entwickeln.

Einen sinnvollen Wechsel von offenen und geschlossenen Lernformen mit ihren unterschiedlichen sozialen Komponenten betrachten wir dabei als strukturelle Bedingung eines guten Unterrichts. Im Unterschied zu geschlossenen Lernformen befördern die offenen Lernformen besonders die Herausbildung sozialer Sensibilität und fördern kommunikatives sowie kooperatives Verhalten.

3. Was verstehen wir unter Öffnung des Unterrichts?

Wenn wir von Öffnung des Unterrichts sprechen, wollen wir sie nicht als eine neue Unterrichtsmethode verstehen, die "nur" einiger didaktisch-methodischer und organisatorischer Anleitungen bedarf, sondern als ein prinzipiell neues Herangehen des Lehrers an den Umgang mit den Schülern im Unterricht.
Öffnung des Unterrichts erschöpft sich für uns daher nicht in der Veränderung der Raum- und Sitzordnung im Klassenzimmer, der Umstellung von Arbeits-, Spiel- und Pausenzeiten und in der Bereit-

stellung vielfältiger Lern- und Spielmaterialien zur selbständigen Arbeit der Kinder. Sie erfordert ein prinzipiell neues Verständnis des Lehrers von der Stellung des Kindes im Lernprozeß und damit auch eine Neubestimmung seiner Funktion im Unterricht.

Wir meinen, die wichtigste Determinante für die Öffnung des Unterrichts ist der Lehrer selbst, seine Bereitschaft und Fähigkeit, sich dem Kind als Partner zu öffnen und es als Persönlichkeit zu akzeptieren. Ist die Bereitschaft der Lehrer in dieser Weise gegeben, wird die Öffnung des Unterrichts sich nicht nur in der Gestaltung offener Lernformen positiv auf den Lernprozeß der Kinder auswirken. Sie wird auch zu einer qualitativen Verbesserung der Arbeit des Lehrers in geschlossenen Lernformen führen.

Wenn wir von offenen Lernformen sprechen, meinen wir eine Unterrichtsorganisation, die den Schülern die Möglichkeit gibt, selbstbestimmt/selbstverantwortlich zu lernen, nach ihren individuellen Voraussetzungen im Umgang mit Material zu üben, Gelerntes weiterzuführen, zu vertiefen, anzuwenden, Neues zu entdecken. In offenen Lernformen haben die Schüler die Möglichkeit, Material aus einem Angebot auszuwählen und in einer angemessenen Zeit zu bearbeiten. Wir unterscheiden dabei Unterrichtsphasen, in denen die Kinder

- unterschiedliche Aufgaben eines Faches/einer Disziplin lösen (fachgebundene Unterrichtsphasen),
- aus einem Aufgabenangebot verschiedener Fächer/Disziplinen wählen können.

Dabei entscheiden sie selbst über Lernpartner, Art, Umfang, Schwierigkeitsgrad der Arbeit in fach- bzw. disziplingebundenen Unterrichtsphasen sowie zusätzlich über Lerninhalte in fachungebundenen Unterrichtsphasen.

In offenen Lernformen wird das kindliche Bewegungs- und Kommunikationsbedürfnis berücksichtigt. Sie befördern darüber hinaus Selbständigkeit, Selbsttätigkeit und Eigeninitiative der Kinder und tragen zur Herausbildung sozialer Verhaltensweisen bei, wie Rücksichtnahme, gegenseitige Hilfe, Übernahme von Verantwortung für sich und andere.

Wenn wir von geschlossenen Lernformen sprechen, meinen wir Unterrichtsphasen, in denen der Lehrer Art und Schwierigkeitsgrad der Aufgaben, Zeit zur Aufgabenlösung und mögliche Lernpartner wei-

testgehend vorgibt. Geschlossene Lernformen können als Frontal-
unterricht, Abteilungsunterricht, Gruppen- oder Partnerlernen
organisiert werden. Geschlossene Lernformen schließen Differen-
zierungen nicht aus, schränken sie jedoch aus der Sicht des Kindes ein.

4. Wie wir uns eine kinderfreundliche Schule vorstellen

Wir wollen eine kinderfreundliche Schule. Die Schule ist für die
Kinder da, deshalb sind Unterricht und Klassenraum an den Bedürf-
nissen der Kinder orientiert.
Die Kindheit ist nicht eine möglichst schnell zu überwindende
Etappe des Vorerwachsenseins, sondern eine notwendig auszulebende
und schöne Phase eines jeden Menschenlebens. Deshalb sollen die
Kinder in der Schule vor allem als Kinder und nicht als künftige
Erwachsene leben.
Wir LehrerInnen und ErzieherInnen nehmen unseren Bildungs- und
Erziehungsauftrag ernst.
Deshalb unterrichten wir nicht Fächer, sondern helfen Schülern
beim Lernen. Wir sind der Meinung, daß jedes Kind aus eigenem
Antrieb alles für sich Bedeutsame aufnimmt und daß es lernen will
und Spaß dabei empfindet, Neues zu entdecken. Deshalb ist ein
zentrales Moment unserer Arbeit auf das Prinzip "Hilf mir, es
selbst zu tun" gerichtet.
Gemeinsam mit den Eltern der Kinder wollen wir beste Entwicklungs-
möglichkeiten für jedes Kind entsprechend seiner individuellen
Bedingungen sichern.
Wir verstehen uns als Partner der Kinder, die ihnen unter Einhal-
tung der gültigen Ausbildungsdokumente Angebote zum Lernen und
Weiterlernen unterbreiten.

Für unsere gemeinsame Arbeit soll gelten:

> Das Lernen und Lehren ist interessant und spannend, es berei-
> tet Spaß und Freude.

Die Schüler und Schülerinnen kommen gern zur Schule, hier verbrin-
gen sie viele Stunden ihrer Kindheit im Spiel und Lernen.
Wir LehrerInnen haben die Kinder gern und sehen in ihnen ernstzu-
nehmende Persönlichkeiten.

Wir sind gern Lehrer und gehen auch gern zur Schule.
Der Klassenraum ist ein freundlicher und schöner Lernort, er wird
nach den Bedürfnissen der Schüler und Lehrer gemeinsam gestaltet.

Deshalb zum Beispiel
. sind die Schultische so aufgestellt, daß die Kinder in kleinen
  Gruppen gemeinsam lernen können,
. können die Kinder die Sitzordnung (im Normalfall) selbst bestimmen und entscheiden, mit wem sie gemeinsam lernen möchten,
. wird der Raum in verschiedene Funktionsbereiche aufgeteilt, in
  denen die Kinder in Phasen offener Lernformen sich individuell
  oder in Gruppen speziellen Aufgaben zuwenden können,
. befinden sich viele Arbeitsmittel, Spiele, Bastelbögen und
  Bücher in den Funktionsbereichen,
. steht jedem Kind ein persönliches Regalfach zur Verfügung, in
  dem es Arbeitsmaterialien aber auch ihm wichtige persönliche
  Dinge ablegen kann,
. befinden sich an den Wänden viele das Lernen anregende Materialien (vgl. Angebote im Heft 3).

Beispiel für die Einrichtung des Klassenraumes

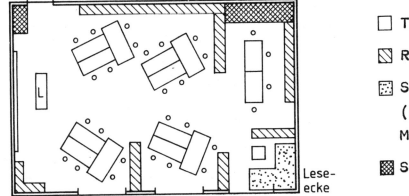

☐ Tische

▧ Regale

▦ Sitzmöglichkeit
  (Polstermöbel,
  Matratzen)

▨ Schrank

Lese-
ecke

Das Klingelzeichen zur Pause und zu Beginn der Unterrichtsstunde
stört die Schüler beim Lernen, da es den Rhythmus und die Geschwin-
digkeit der Arbeit von außen festlegt, ohne die konkrete Lern-
situation zu berücksichtigen.
Deshalb zum Beispiel
. legen wir mit den Schülern gemeinsam selbst bestimmte Pausen
  fest,
. hat das Klingelzeichen für uns nur seine Funktion am Morgen
  und am Mittag, zu Beginn und am Ende des Lerntages.

Beim Lernen erfahren die Kinder,

- daß es Spaß macht, Neues zu entdecken,
- daß man auch im Spiel, gemeinsam oder allein, gut lernen kann,
- **daß die LehrerInnen und ErzieherInnen anregen und helfen wollen,**
- **daß Kinder auch von Kindern lernen können,**
- daß jeder etwas kann, wenn auch nicht auf allen Gebieten gleich gut,
- daß es sich besser lernt, wenn man mitbestimmen kann, was, wie und womit man lernt,
- daß es Spaß macht, sich anzustrengen und etwas zu erlernen,
- daß es Spaß macht, etwas zu wissen und zu können und es anderen zu zeigen.

Die Eltern sind unsere Partner.

Die gute Zusammenarbeit mit den Eltern der Kinder ist für unser Vorhaben sehr wichtig. Deshalb schaffen wir Möglichkeiten, daß sich die Eltern sowohl im außerunterrichtlichen Bereich als auch im Unterricht mit beteiligen können.

Sie können

- in Übungsphasen des Unterrichts einzelner Lernbereiche die Betreuung von Gruppen übernehmen, soweit dieses nicht spezifische Vorkenntnisse erfordert,
- den Lehrer bei der Vorbereitung und Durchführung besonderer Unterrichtsveranstaltungen unterstützen,
- im außerunterrichtlichen Bereich Interessengruppen führen und dem Erzieher Unterstützung geben.

Wir verstehen die Eltern nicht als unsere Kontrolleure, sondern als Partner in der Erziehungsarbeit.

Durch Mitarbeit der Eltern

- kann besser auf die unterschiedlichen Lernbedingungen von Kindern eingegangen werden,
- kann das Verständnis und Interesse für besondere Situationen in der Klasse, für unsere Arbeit wachsen,
- können wir vielfältige Hilfen und Hinweise für unsere Arbeit erhalten.

5. Einige Ausgangsüberlegungen zur Verbindung von Lernen und Spiel im Unterricht

Eine große Bedeutung für die Veränderung der pädagogischen Arbeit im Anfangsunterricht kommt u. M. nach der Nutzung vielfältigster Formen des Spiels zu. Hier liegen größe Reserven für einen entwicklungsgerechten, kindgerichteten und freudvollen Unterricht. Aus diesem Grund möchten wir Möglichkeiten der Verbindung von Lernen und Spiel aufzeigen. (Erläuterungen und viele Beispiele dazu finden unsere Leser auch in den Heften 2 und 3.)

Die Verbindung von Lernen und Spiel kann durch die

> **Einbeziehung spielerischer Elemente**

bei der Gestaltung der Lerntätigkeit erfolgen.
Spielerische Elemente können sein:
- das Einkleiden von Lernhandlungen in einen spielerischen Rahmen durch
  - die Formulierung eines entsprechenden Spielthemas,
  - die Art und Weise der Aufgaben- und Fragestellung, ihre spielspezifische Formulierung,
  - die Einbeziehung von Spielmitteln bzw. anderen didaktischen Arbeitsmitteln, die den Spielcharakter bedingen;
- Aufgaben, die praktisch-gegenständliche Handlungen mit entsprechenden Spielmitteln bzw. anderen didaktischen Arbeitsmitteln ermöglichen;
- Aufgaben, die Handlungen auf sprachlich-geistiger Ebene in spielerischen Formen ermöglichen;
- Aufgaben, die das bildnerische, mimisch-gestische und sprachliche Gestalten im Hinblick auf bestimmte Anliegen ermöglichen;
- das Dramatisieren von Unterrichtssituationen.

Eine weitere Möglichkeit der Verbindung von Lernen und Spiel besteht im

> **Einsatz von Spielen verschiedener Art** .

Im Unterricht finden zur Unterstützung des Lernens u. a. didaktische Spiele und darstellende Spiele Anwendung.

Spielerische Elemente und didaktische Spiele sind die am häufigsten genutzten Möglichkeiten der Verbindung von Lernen und Spiel. Deshalb soll an dieser Stelle auf einige Unterschiede und Gemeinsamkeiten hingewiesen werden.

<u>Spielerische Elemente</u> sind pädagogische Mittel, um Komponenten der Spieltätigkeit für das Lernen nutzbar zu machen. Ihnen fehlen wesentliche Elemente des Spielaufbaus. Der Unterschied zum didaktischen Spiel besteht u. a. darin, daß die Schüler keine oder wesentlich geringer ausgebaute Spielhandlungen gegenüber den erforderlichen Lernhandlungen ausführen. Die Handlungen sind auf das Erreichen von Lernzielen gerichtet. Die Wirksamkeit des spielerischen Elements als solches ist in starkem Maße von der pädagogischen Gestaltung seines Einsatzes abhängig.

<u>Didaktische Spiele</u> bauen auf dem Spielbedürfnis der Kinder auf und werden von ihnen auch als Spiel erlebt. Sie sind im Vergleich zum spielerischen Element u. a. dadurch gekennzeichnet, daß mehr oder weniger ausgebaute Spielhandlungen (Folge untereinander verbundener praktischer und geistiger Handlungen) ausgeführt werden, die auf das Erreichen des Spielziels gerichtet sind. "Im Bewußtsein zu spielen, führen die Kinder selbständig Lernhandlungen aus, die in Inhalt und Anforderungen vom Erwachsenen vorausbestimmt sind." (BERGE 1980, S. 12) Es müssen festgelegte Spielregeln eingehalten werden.

Gemeinsamkeiten mit spielerischen Elementen liegen u. a. darin:
- Sie machen den Gegenstand für das Kind persönlich bedeutsam und schaffen eine freudvolle Atmosphäre.
- Sie werden unter einem bestimmten Aspekt gezielt für die Erfüllung von Bildungs- und Erziehungszielen geplant und eingesetzt.

Spielerische Elemente und Spiele erfüllen im Unterrichtsprozeß folgende Funktionen:
- Stimulierungsfunktion,
- Steuerungsfunktion,
- Differenzierungsfunktion.

Spielerische Elemente sollen die freudvolle Ausführung von Lernhandlungen unterstützen, nicht von der Lerntätigkeit ablenken, sondern diese stimulieren (Stimulierungsfunktion). Ihr Einsatz zielt auf die Auslösung praktischer und geistiger Tätigkeiten ab,

die für die Ausbildung von Fähigkeiten, Fertigkeiten, Denk- und Verhaltensweisen erforderlich sind (Steuerungsfunktion).
Spielerische Elemente werden mit dem Ziel eingesetzt, hohe unterrichtliche Leistungen aller Schüler zu erreichen, das Zurückbleiben einzelner Kinder zu verhindern und schneller Lernenden zusätzliche Angebote zu geben (Differenzierungsfunktion).

Als eine dritte Gruppe kann die

Schaffung aktiver Bewegungsphasen

genannt werden.
Hier lassen sich einordnen: Fingerspiele, kleine gymnastische Übungen mit spielerischem Charakter, Bewegungen nach Gedichten und Liedern.
Die Gestaltung von Bewegungsphasen erfolgt unter folgenden Aspekten:
- Schaffung aktiver Phasen der Erholung,
- Vorbereitung der Schüler auf weitere zu lösende Aufgaben,
- Sicherung zweckmäßiger Übergänge von einem Stundenteil zum anderen,
- Schaffung eines angemessenen Wechsels von Belastung und Entspannung.

Aktive Bewegungsphasen bewirken:
- Entspannung besonders beanspruchter Muskelgruppen und Körperteile,
- Vermeiden sichtbarer Ermüdungserscheinungen bzw. ihre schnelle Überwindung,
- Erhöhung der Lernfähigkeit, Lernbereitschaft und Lernfreude.

6. Wie ist auf Entwicklungsbesonderheiten der Lernanfänger einzugehen?

Bei der Suche nach Ansatzpunkten für die Verbesserung der Arbeit in den unteren Klassen müssen die veränderten Beziehungen im Tätigkeitssystem des jüngeren Schulkindes und die gegenseitige Beeinflussung der verschiedenen Tätigkeitsarten untereinander stärker beachtet werden. Dies trifft in erster Linie auf die Lerntätigkeit, die allmählich zur dominierenden Tätigkeit wird, und die Spieltätigkeit zu. Beide stehen in einem besonders engen Verhältnis zueinander, das keinesfalls ausschließlich von der Entwicklung und Dominanz der Lerntätigkeit geprägt ist. Man muß u. E. nach das Verhältnis der beiden Tätigkeitsarten unter der Sicht betrachten, daß beide Tätigkeiten im jüngeren Schulalter Haupttätigkeiten sind. Damit das Kind den Übergang vom Kindergarten zur Schule problemloser bewältigt, sollten wir uns darum bemühen, den Lernanfänger in seiner vorschulischen Handlungs- und Erlebniswelt abzuholen.

Der Schulanfänger muß eine Vielzahl neuartiger Tätigkeiten, z. B. das Lesen und Schreiben, erlernen. In dieser Phase seiner Entwicklung kann das Kind seine psychophysischen Kräfte noch nicht ökonomisch einsetzen, so daß es auf vielen Gebieten mehr Kraft verbraucht, als nötig ist. "Das ist ein Grund dafür, daß es beim Unterstufenkind durch psychophysische Überlastung bzw. durch einseitige Belastung, etwa durch längeres Stillsitzen oder längere geistige Beanspruchung, häufig sehr schnell zu starken Ermüdungserscheinungen kommt. Deshalb ist es wichtig, dem Kind vielfältige Möglichkeiten zu bieten, sich zu entspannen und aktiv zu erholen." (KISLAT/OTTO 1983, S. 422 f.) Das trifft in besonderem Maße für den Lernanfänger zu. Die Besonderheiten der psychophysischen Entwicklung der Lernanfänger bei der Planung und Gestaltung des Unterrichtsprozesses zu berücksichtigen heißt z. B.:

- die Unterrichtsstunde besonders abwechslungsreich, methodisch variabel aufzubauen und in stoffliche und didaktisch-methodische Teilschritte zu gliedern, differenziertes Vorgehen eingeschlossen;
- in jeder Unterrichtsstunde ein vernünftiges Verhältnis von Belastung und Entspannung zu gewährleisten (z. B. durch das

Schaffen aktiver Bewegungsphasen und das Einbeziehen spielerischer Elemente);
- geeignete Unterrichtsmittel und andere didaktische Arbeitsmittel einzusetzen, mit denen der Aneignungsprozeß anschaulich,
  effektiv, differenziert und auch freudvoll gestaltet werden
  kann;
- den Tagesablauf zweckmäßig zu gestalten und vielfältige Möglichkeiten für eine aktive Erholung anzubieten.

Die nachfolgenden gesicherten Erkenntnisse zur Steuerung der Aufmerksamkeit berechtigen u. E. dazu, spielerische Elemente unter
diesem Gesichtspunkt bevorzugt einzusetzen.
Der Lernanfänger verfügt im allgemeinen noch nicht über die inne-
ren Mittel der Selbstregulierung in bezug auf die Aufmerksamkeit.
Die Schüler wenden sich insbesondere Gegenständen zu, die unmit-
telbares Interesse erregen. Nach DAWYDOW ist bei Sieben- bis
Achtjährigen die Stabilität der willkürlichen Aufmerksamkeit in
bezug auf praktisch-gegenständliche Handlungen wesentlich höher
als bei geistigen Handlungen. (DAWYDOW 1977, S. 95 f.)
LJUBLINSKAJA stellt fest, daß die Aufmerksamkeit des Schülers der
Klasse 1 noch viele Züge hat, die für das Vorschulkind charakte-
ristisch sind, und der Umfang der Aufmerksamkeit noch gering ist.
Befassen sich die Schüler jedoch mit einer interessanten Aufgabe,
beschäftigen sie sich praktisch mit dem Unterrichtsstoff, dann
wird ihre Aufmerksamkeit weitgehend unterstützt. (LJUBLINSKAJA
1982, S. 257 ff.)
MONTESSORI konnte die Erfahrung machen, daß Kinder im Spiel Übungen wiederholen, ohne nach langer Konzentration zu ermüden. Eine
Grundeinsicht innerhalb der Pädagogik MONTESSORIs ist, daß "das
spontane Interesse des Kindes die wichtigste Triebfeder seiner
Arbeit ist". (STANDING 1959, S. 40)
In allen Veröffentlichungen zur Verbindung von Lernen und Spiel
wird deutlich:
Werden spielerische Elemente und Spiele im Unterricht eingesetzt,
können sich die Kinder selbst Aufgaben aus einem Aufgabenangebot
auswählen, über Lernpartner bzw. Spielpartner entscheiden, können
sie ihre Aufmerksamkeit dauerhafter auf den Lerngegenstand rich-
ten. Es entwickelt sich dabei eine Konzentrationsfähigkeit, die,
vom Lehrer gefordert, nicht erreicht wird. (Vgl. dazu z. B.
REGELEIN)

In der Spieltätigkeit prägen sich die Kinder viele Sachverhalte auch unwillkürlich ein. Gleichzeitig entwickelt sich in Verbindung mit der Ausbildung der Lerntätigkeit das willkürliche Einprägen. Das unwillkürliche Einprägen erleichtert die Lerntätigkeit und sollte für ihre effektive Gestaltung bewußt eine Rolle spielen. (PIPPIG 1985, S. 179) Bei entsprechender Gestaltung der Lerntätigkeit, z. B. durch das Einbeziehen von spielerischen Elementen, kann dieser Effekt des unwillkürlichen Einprägens unterstützt werden, so daß willkürliches und unwillkürliches Einprägen einander ergänzen.

Eine charakteristische Besonderheit der Schüler der ersten Klasse ist die ausgeprägte Emotionalität ihrer Wahrnehmung. Etwas Anschauliches, Farbiges wird besser wahrgenommen. In erster Linie nehmen die Kinder jene Dinge wahr, die sie unmittelbar emotional ansprechen und eng mit ihren Handlungen verbunden sind.

Aber, jedes Kind ist anders. Immer ist die Differenziertheit in der Entwicklung der Lernanfänger zu beachten.

Ursachen für Entwicklungsunterschiede sind nach WITZLACK vor allem:
- die unterschiedlich pädagogisch organisierte Tätigkeit der vorschulischen Erziehung (z. B. unterschiedliche Steuerung der geistigen Auseinandersetzung des Kindes mit der Umwelt, ungleiche Förderung des Leistungsstrebens und Entwicklung der sprachlichen Ausdrucksfähigkeit),
- die individuellen Besonderheiten der Lernfähigkeit (z. B. Art der analytisch-synthetischen Denktätigkeit, der Auffassungs- und Merkfähigkeit),
- das unterschiedliche Einschulungsalter der Lernanfänger,
- die individuellen Besonderheiten in der Entwicklung der Nervensysteme und anderen biologischen Entwicklungsvorgängen.
  (WITZLACK 1981, S. 82 f.)

Der Lehrer einer Anfangsklasse steht vor der schwierigen Aufgabe, bestehende Entwicklungsunterschiede der Kinder zu erfassen und im Unterricht zu berücksichtigen. Ihm muß es gelingen, durch eine entsprechende organisatorische und didaktisch-methodische Gestaltung des Unterrichts solche Bedingungen zu schaffen, daß sich der einzelne Schüler seinen individuellen Voraussetzungen entsprechend entfalten kann.

Unter welchem Aspekt sollte nun die organisatorische und didaktisch-methodische Gestaltung des Unterrichts erfolgen?

Unter dem Aspekt der
Gestaltung eines entwicklungsfördernden und altersgerechten, am Kind orientierten Unterrichts, der der individuellen Selbstentwicklung dient, der Ausprägung der Individualität der Kinder und ihres sozialen Verhaltens.

Das bedeutet unter anderem
- Schaffung eines problemlosen Übergangs aller Kinder vom Kindergarten zur Schule und der notwendigen Voraussetzungen zur Bewältigung der damit verbundenen Anforderungen;
- Schaffung einer freudvollen Lernatmosphäre, eines angemessenen Wechsels von Belastung und Entspannung, eines abwechslungsreichen Unterrichts mit dem Ziel der Erhaltung, Festigung und Erhöhung des Lernwillens und der Gewährleistung eines erfolgreichen Lernens aller Schüler von Anfang an; die sichere Ausbildung der Grundfertigkeiten im Lesen, Rechnen und Schreiben unter Berücksichtigung individueller Besonderheiten und Entwicklungsunterschiede der Kinder;
- Auslösen von Lernprozessen, bei denen das Kind von Anfang an am Prozeß seiner Selbstwerdung aktiv beteiligt ist, wo die Kinder lernen können, ihre Tätigkeit selbst zu bestimmen und zu organisieren;
- Fördern kommunikativer und kooperatierender Tätigkeiten.

Jedes Kind muß seine persönliche Entwicklung im Unterricht erfahren. Deshalb ist es notwendig, Lernprozesse so zu individualisieren, daß das individuelle Anderssein der Kinder berücksichtigt und ermöglicht wird. Dem kommt die Gestaltung offener Lernformen mit einem differenzierten Lernangebot, die Einbeziehung von spielerischen Elementen und Spielen in offene und geschlossene Lernformen in der Anfangsklasse sehr entgegen.

7. Literaturverzeichnis

Witzlack, G.: Beiträge zur Verhinderung des Zurückbleibens. - Volk und Wissen Verlag GmbH, Berlin 1981.

Dawydow, W. W.: Die psychische Entwicklung im jüngeren Schulalter. - In: Entwicklungspsychologie und pädagogische Psychologie. Hrsg. von Petrowski. - Volk und Wissen Verlag GmbH, Berlin 1977.

Berge, M.: Didaktische Spiele für das jüngere Schulkind. - Volk und Wissen Verlag GmbH, Berlin 1980.

(K)eine Schule wie jede andere. Hrsg. von H. Buschbeck. - Beltz Verlag, Weinheim und Basel 1982.

Kislat, G.; Otto, Kh.: Tätigkeiten und ihre Funktion bei der psychischen Entwicklung im frühen Schulalter. - In: Pädagogik 38 (1983) 5.

Ljublinskaja, A.: Kinderpsychologie. - Volk und Wissen Verlag GmbH, Berlin 1982.

Montessori, M.: Das Kind in der Familie. - Klett Verlag, Stuttgart 1954.

Öffnung der Grundschule. - In: Die Grundschulzeitschrift. - Sonderheft 89.

Pippig, G.: Aneignung von Wissen und Können - psychologisch gesehen. - Volk und Wissen Verlag GmbH, Berlin 1985.

Regelein, S.: Spielen in Unterricht und Freizeit. - Prögel Verlag GmbH, München 1988.

Standing, E. M.: Maria Montessori, Leben und Werk. - Klett Verlag, Stuttgart 1959.

Unsere Schule stellt sich vor. Hrsg. vom Freundeskreis der Paul-Klee-Schule. - Berlin-Tempelhof 1988.

Wie weiter in den unteren Klassen? - In: Die Unterstufe 37 (1990) 2-3. - S. 31 - 34.

8. Methodische Hinweise zu den Aufgaben für das Partnerlernen "du und ich"

ab Fibelseite		
11 - 16	Such mich! (Silbenübung mit Namen) (1)	Memory: Wörter mit gleichen Silben finden Alle Karten werden verdeckt auf den Tisch gelegt. Der 1. Schüler dreht zwei Karten um und liest die Wörter vor. Haben die Wörter gleiche Silben, bleiben sie aufgedeckt liegen, ansonsten werden sie wieder umgedreht. Wir spielen, bis alle Paare gefunden sind.
22	Groß und klein (Zuordnungsübung großer und kleiner Druckbuchstaben) (2)	Apfeldomino Jedes Kind bekommt zwei Dominokarten, eine wird aufgedeckt. Nun wird abwechselnd angelegt. Wer nicht anlegen kann, nimmt eine Karte auf. Gespielt wird, bis die Dominoreihe fertig ist.
20	Sätze legen (3)	Lottospiel Beide Kinder nehmen eine Grundkarte (a oder b). Die Deckkarten (c) werden geordnet, aber verdeckt auf den Tisch gelegt (Namen/im, am/Bilder). Die Kinder ziehen je eine Karte (bzw. bei Grundkarte b von den Namen 2 Karten) und legen sie auf die Grundkarte, so daß ein Satz entsteht. Ergibt der Satz einen Sinn, bleibt er auf der Grundkarte liegen. Ist der Satz nicht sinn-

		voll, werden die Karten zurück-gelegt. Sieger ist der Schüler, der zuerst drei Sätze legen konnte.
27 - 28	Groß und klein (Zuordnungsübung) (4)	Buchstabendomino Verlauf wie (2)
31	Such mich! (Silbenübung mit Verben und Namen) (5)	Memory: Wörter mit gleichen Sil-ben Verlauf wie (1)
35	Immer 3 (Verbformen) (6)	Memory: Zusammengehörende Verb-formen finden Alle Karten werden in 3 Gruppen geordnet (Nennform/Substantiv/ Personalpronomen) Verlauf wie (1) - 3 Karten wer-den aufgedeckt, die zusammenpassen müssen.
35	Wie heißen die Kinder? (Silbenübung) (7)	Würfelspiel Zwei Kinder nehmen eine Bildkarte (2x kopieren) und einen Würfel mit großem Anfangsbuchstaben, den anderen Würfel tauschen sie aus. Sie würfeln nun abwechselnd. Ergibt sich ein Name, schreiben sie diesen in die Luftballons. Jedes Kind soll einen anderen Namen bekommen. Wer zuerst allen Kindern einen Namen geben konnte, hilft dem Partner.

35	Buchstaben und Wörter (Zuordnung Laut - Buchstabe - Wort) (8)	Quartett (3 - 4 Kinder) Alle Karten werden verteilt. Durch Wünschen (Von ... möchte ich eine Karte mit R) werden Quartette gesammelt.
37	Bilderrätsel (Sätze bilden) (9)	Rate mal! 2 Rätsel werden gezogen und dem Partner gestellt.
43	Die lange Eisenbahn (Reimwörter) (10)	Domino Verlauf wie (2)
44	Such mich! (Bild- und Wortpaare) (11)	Memory Wir können mit 16 oder 32 Karten spielen. Bei diesem Spiel müssen zusammenpassende Wortpaare und Bildpaare gefunden werden. Verlauf wie (1)
48	Immer 4 (Verbformen) (12)	Quartett: Ich möchte von dir eine Karte, die zu "malen" paßt.
48	Was wir tun (Silbenübung mit Verben) (13)	Domino Verlauf wie (2)
49	Immer 3 (Zuordnung Buchstabe - Laut - Wort) (14)	Die Karten werden verteilt. Durch Wünschen werden Dreiergruppen gesammelt und ausgelegt.

ab Fibel- seite		
49	Wunschzettel (Sätze bilden) (15)	Anlegen Ein Schüler beginnt hinter einem Bild einen Satz zu legen, der andere Schüler legt die fehlende Wortgruppe an.
56	Zuordnung Bild - Wort (16)	Domino Verlauf wie (2)
57	Silbenübung (17)	Domino Verlauf wie (2)
57	Such mich! (Zuordnung Bild - Wort) (18)	Memory Bei diesem Spiel müssen zusammen- passende Wort- und Bildkarten auf- gedeckt werden. Verlauf wie (1)
57	Such mich! (Bild- und Wort- paare) (19)	Memory Verlauf wie (11)
57	Im Winter (Sätze bilden) (20)	Anlegen Verlauf wie (15)
61	Kuddelmuddel (Wortgruppen, Übung zur Sinn- erfassung) (21)	Memory Verlauf wie (1) - Die passenden Wortgruppen müssen gefunden wer- den, wobei das Bild auf der ersten Karte immer die zweite inhaltlich vorgibt.

| 62 | Auf jede Frage eine Antwort (Übung zur Sinn- erfassung) (22) | Memory Ein Schüler dreht eine Frage um und liest sie vor, der andere eine Antwort (im Wechsel). Zusam- mengehörende Fragen und Antworten werden abgelegt. |

du und ich (1)

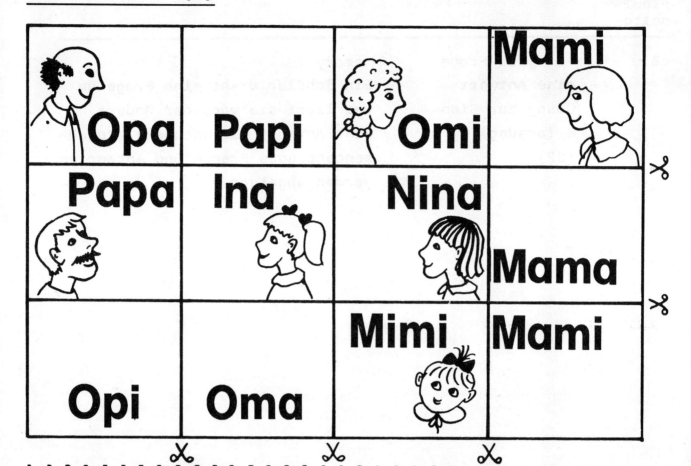

du und ich (2)

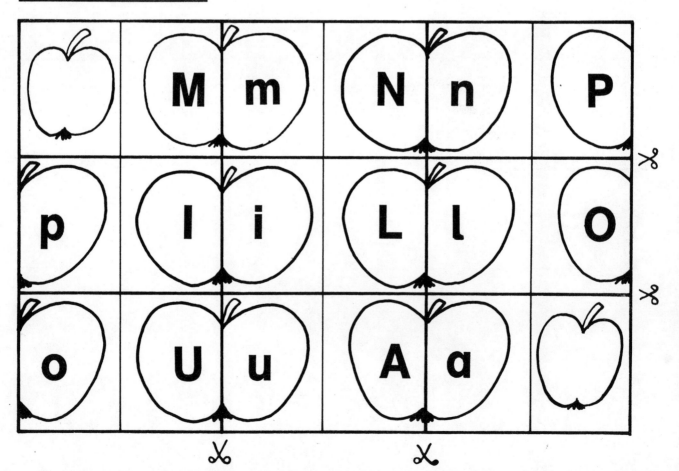

du und ich   (3)

a)

	ist		
	ist		
	ist		

b)

	und		sind		
	und		sind		
	und		sind		

c)

Mami	Moni	im		
Mama	Lilo	am		
Oma	Loni	am		
Omi	Uli	am		
Opa	Opi	am		
Papa	Papi	im		
Mimi	im	im		
Nina	im			
Ina	im			

du und ich   (4)

l	E	m	L	n	E
e	M	s	N	e	S
p	E	r	P	n	M
m	R	p	N	s	P
m	S	p	M	l	P
n	L	r	N	l	R
s	L	r	S	e	R

du und ich   (5)

hol<u>en</u>	ren<u>n</u>en	lern<u>en</u>	essen
ma<u>len</u>	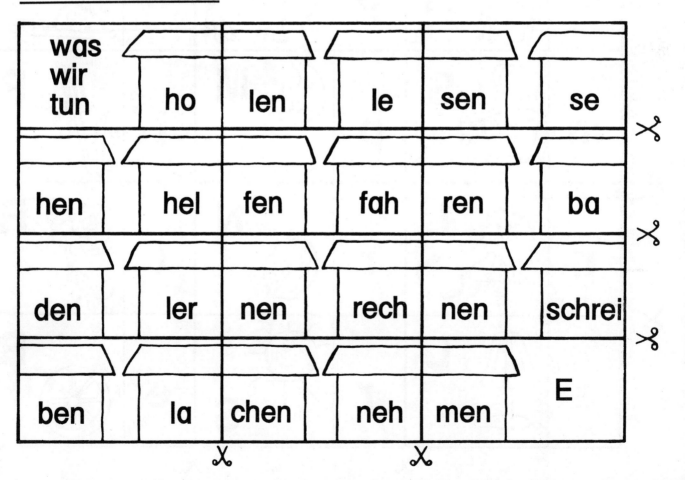	le<u>s</u>en	roll<u>en</u>
soll<u>en</u>	rei<u>s</u>en		le<u>s</u>en
<u>Li</u>lo	<u>Li</u>sa	<u>Li</u>lo	<u>L</u>ore

du und ich   (13)

was wir tun	ho	len	le	sen	se
hen	hel	fen	fah	ren	ba
den	ler	nen	rech	nen	schrei
ben	la	chen	neh	men	E

rollen	malen	rennen
holen	lernen	Tilo holt
er holt	Uli lernt	er lernt
Hans malt	er malt	der Hund rennt
er rennt	Emil rollt	er rollt

H h Hund	H h Hans	H h holen
H h Hut	L l Leine	L l lernen
L l Lampe	L l lesen	M m Moni
M m malen	M m Mutti	M m Mond
S s Susi	S s Seil	S s Sand
S s sollen	R r rennen	R r Reis
R r rot	R r rollen	N n Nase
N n Nina	N n nanu	N n nein

Was ist das? Rate mal!

du und ich (10) Domino: Die lange Eisenbahn

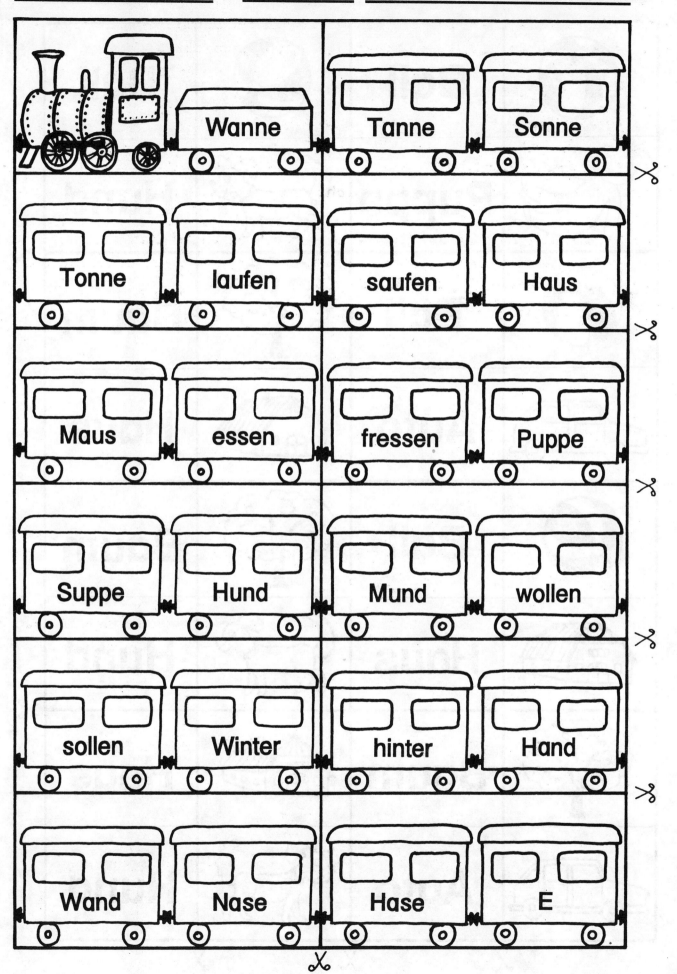

Wanne | Tanne | Sonne

Tonne | laufen | saufen | Haus

Maus | essen | fressen | Puppe

Suppe | Hund | Mund | wollen

sollen | Winter | hinter | Hand

Wand | Nase | Hase | E

	Ball		**Ball**
	Puppe		**Hund**
	Ball		**Baum**
	Auto		**Haus**
	Ball		**Baum**
	Haus		**Hund**
	Baum		**Haus**
	Auto		**Hund**

	Puppe		Hund
	Auto		Auto
	Hund		Haus
	Haus		Auto
	Puppe		Baum
	Haus		Ball
	Hund		Baum
	Puppe		Puppe

du und ich (12)

malen	falten	lachen
schreiben	rechnen	lernen
ich male	ich falte	ich lache
ich schreibe	ich rechne	ich lerne
er malt	er faltet	er lacht
sie schreibt	sie rechnet	sie lernt
Paul malt	Michael faltet	Papa lacht
Tina schreibt	Anna rechnet	Anna lernt

T Tuch	**T** Tasche	**T** Tier	**t** Schlitten
t toben	**t** Flöte	**F** Flöte	**F** Fest
F Fahne	**f** fahren	**f** rufen	**f** laufen
L Lampe	**L** Lieder	**L** Leine	**l** Flöte
	l laufen	**l** Wolle	

du und ich   (15)

Mutti	Papa	Opa	Oma	Anna	wünscht sich

Ich	möchte	möchte	wünscht sich	eine Flöte.

wünscht sich	wünsche mir	einen Schlitten.

rote Wolle.	eine Tasche.	ein schönes Buch.

ein feines Tuch.	

	der Schlitten		die Kinder
A	der Schlitten		die Kinder
	der Hund		das Tuch
	die Schule		das Buch
	die Tasche		die Wolle
	der Ball		das Wasser
	die Puppe		E

A	Win	gel	Mei	der	Va
ter	Gar	sel	Kin	ter	Mut
se	Am	ten	Vo	ter	Fut
ter	E				

		der Vogel	die Vögel
		der Vater	das Vogelfutter
		das Vogelhaus	die Kinder

	Tuch		Tasche
	Flöte		Schlitten
	Buch		Wolle
	Tuch		Buch
	Tasche		Flöte
	Wolle		Schlitten
	Schlitten		Tasche
	Tasche		Tuch

Die Kinder	Karin und Klaus	Vater	Im Winter

rodeln und lachen	werfen	kommen	hat	dabei.

nach dem großen Schneemann.	viele Vögel

in unseren Garten.	ein schönes Vogelhaus

gebaut.	mit uns

	viele Vögel	im Kinderbett
	mein Mantel	im Vogelhaus
	viele Kinder	auf dem Bügel
	viele Bäume	in der Schule
	das Wasser	unter dem Bett
	ein Kind	im Schuhregal
	unser Häuschen	im alten Eimer
	unser Kater	im Liederbuch
	die neuen Schuhe	im großen Park
	schöne Lieder	im kleinen Garten